EDITORIAL
UNILIT

El librito de Instrucciones de Dios

Sabiduría inspirativa para una vida feliz y realizada

Disponible en inglés en Access Sales International (ASI)
2448 E. 81st Street, Ste. 4705, Tulsa, OK 74137 USA.

Publicado por Editorial **Unilit**
Miami, Fl. 33172
© 1996 Derechos reservados

Primera edición 1997

Publicado en inglés con el título: *God's Little Instruction Book*
por Honor Books, Inc. Tulsa, Oklahoma 74155
Se necesita permiso escrito de los editores, para la reproducción de porciones
del libro, excepto para citas breves en artículos de análisis crítico.

Traducido al español por: Moisés Ramos
Producto 498344
ISBN 0-7899-0351-2
Impreso en Colombia
Printed in Colombia

INTRODUCCIÓN

El librito de instrucciones de Dios es una colección inspirativa de citas de las Escrituras que le motivará a llevar una vida significativa, productiva y feliz. Algunos libros contienen citas y otros pasajes de las Escrituras, pero nosotros deseamos combinar ambas cosas para aportar no meramente la sabiduría del hombre, sino además incluir la sabiduría de las edades —la Palabra de Dios.

Este librito fue diseñado y escrito con el fin de que fuera lectura amena, y a la vez motivara al lector a pensar y a esforzarse en alcanzar lo mejor y a realizar su potencial. Lo hemos llenado de citas y dichos, conocidos y desconocidos, pero también con cada instrucción hemos incluido un pasaje de las Escrituras que revela lo que dice la Palabra de Dios acerca de cada asunto.

Básico, práctico y lleno de la sabiduría de la Biblia que nunca pierde validez, este deleitoso libro constituye un mapa que guía al éxito en el diario viaje de la vida. Nosotros los de *Honor Books* *esperamos que usted aprenderá a atesorar El librito de instrucciones* *de Dios como muchos de nosotros ya lo hemos hecho.*

Un matrimonio puede hacerse en el cielo, pero el mantenimiento hay que dárselo en la tierra.

Cada uno ... de vosotros de por sí, ame también a su mujer como a sí mismo; y la mujer reverencie a su marido.

Efesios 5:33 (VRV 1602)

Cuando Dios mide a un hombre, pone la cinta de medir alrededor del corazón y no de la cabeza.

Dios ve no como el hombre ve, pues el hombre mira la apariencia exterior, pero el Señor mira el corazón.

1 Samuel 16:7b (B.d.l.A.)

El césped del otro lado puede parecer más verde, pero aun así hay que recortarlo.

Contentos con lo que tenéis ahora.

Hebreos 13:5

La paciencia es la habilidad de lograr que el motor de uno se mantenga funcionando en vacío cuando tiene ganas de pisar el acelerador «hasta la tabla».

Mejor es el que tarda en airarse que el fuerte; y el que se enseñorea de su espíritu, que el que toma una ciudad.

Proverbios 16:32

El que está esperando que algo vaya
hacia arriba, pudiera
comenzar con las mangas de
su propia camisa.

En todo trabajo hay ganancia, pero el vano hablar
conduce sólo a la pobreza.

Proverbios 14:23 (B.d.l.A.)

Acuérdate del plátano —cuando deja el racimo, lo pelan.

No dejando de congregarnos, como algunos tienen por costumbre, sino exhortándonos; y tanto más, cuanto veis que aquel día se acerca.

Hebreos 10:25

Mejor es quedarse callado y que se imaginen que uno es tonto, que hablar y despejar toda duda.

Y aun mientras va el necio por el camino, le falta cordura, y va diciendo a todos que es necio.

Eclesiastés 10:3

Muchos buenos hombres han fracasado porque tenían una lasca de tocino donde debían haber tenido el espinazo.

Mira que te mando que te esfuerces y seas valiente; no temas ni desmayes, porque Jehová tu Dios estará contigo en dondequiera que vayas.

Josué 1:9

Si al primer intento no tienes éxito, procura leer las instrucciones.

*Aférrate a la instrucción, no la sueltes; guárdala,
porque ella es tu vida.*

Proverbios 4:13 (B.d.l.A.)

Tu «genio» es como un fuego. Se torna muy destructivo cuando está fuera de control.

Como ciudad derribada y sin muro es el hombre cuyo espíritu no tiene rienda.

Proverbios 25:28

Las decisiones te pueden situar fuera de la voluntad de Dios pero nunca fuera de su alcance.

Si fuéremos infieles, él permanece fiel; él no puede negarse a sí mismo.

2 Timoteo 2:13

Tus compañeros son como los botones de un ascensor. Te llevarán hacia arriba o hacia abajo.

El que anda con sabios, sabio será; mas el que se junta con necios será quebrantado.

Proverbios 13:20

La paciencia es una cualidad que uno admira en el chofer que va detrás pero desdeña en el que va delante.

Mejor es el fin de un asunto que su comienzo; mejor es la paciencia de espíritu que la altivez de espíritu. No te apresures en tu espíritu a enojarte, porque el enojo se anida en el seno de los necios.

Eclesiastés 7:8-9 (B.d.l.A.)

Hay un calificativo para aquellos que no tienen entusiasmo por su trabajo: desempleados.

Y todo lo que hagáis, hacedlo de corazón, como para el Señor y no para los hombres.

Colosenses 3:23

El verdadero carácter de una persona se revela por lo que hace cuando nadie lo está mirando.

No para ser vistos, como los que quieren agradar a los hombres, sino como siervos de Cristo, haciendo de corazón la voluntad de Dios.

Efesios 6:6 (B.d.l.A.)

Es mejor morir con un buen nombre que vivir con uno malo.

Mejor es el buen nombre que el buen ungüento, y mejor es el día de la muerte que el del nacimiento.

Eclesiastés 7:1 (B.d.l.A.)

«No» es una de las pocas palabras que jamás serán mal interpretadas.

Antes bien, sea vuestro hablar:
«Sí, sí» o «No, no»....

Mateo 5:37a (B.d.l.A.)

Muchos de los que van a la iglesia cantan «De pie sobre las promesas» cuando lo único que hacen es sentarse dentro del recinto.

Que no os hagáis perezosos, sino imitadores de aquellos que por la fe y la paciencia heredan las promesas.

Hebreos 6:12

Algunos se quejan de que Dios haya puesto espinas en las rosas, mientras que otros le alaban por haber puesto rosas entre las espinas.

Por lo demás, hermanos, todo lo que es verdadero, todo lo honesto, todo lo puro, todo lo amable, todo lo que es de buen nombre; si hay virtud alguna, si algo digno de alabanza, en esto pensad.

Filipenses 4:8

La cura del crimen no está en la silla eléctrica, sino en la silla alta [para niño].

Instruye al niño en su camino, y aun cuando fuere viejo no se apartará de él.

Proverbios 22:6

El puente que quemas ahora puede ser el que más tarde necesites cruzar.

Si es posible, en cuanto dependa de vosotros, estad en paz con todos los hombres.

Romanos 12:18

La medida de un hombre no es el tamaño de su fe sino la grandeza de su amor.

Y ahora permanecen la fe, la esperanza y el amor, estos tres; pero el mayor de ellos es el amor.

1 Corintios 13:13

Verdaderos amigos son aquellos que, cuando haces el papel de tonto, no creen que hayas hecho un trabajo permanente.

Todo lo sufre, todo lo cree, todo lo espera, todo lo sopor-ta. El amor nunca deja de ser....

1 Corintios 13:7-8

Ten cuidado, no sea que tu matrimonio se convierta en un duelo en vez de en un dúo.

Así que, sigamos lo que contribuye a la paz y a la mutua edificación.

Romanos 14:19

La poderosa encina fue una vez una pequeña bellota que se mantuvo en su terreno.

El hombre no se afirmará por medio de la impiedad;
mas la raíz de los justos no será removida.

Proverbios 12:3

El secreto del logro es no permitir
que lo que estás haciendo te alcance
antes de tú alcanzarlo.

Encomienda a Jehová tus obras, y tus pensamientos
serán afirmados.

Proverbios 16:3

Muchos quieren servir a Dios — pero sólo en calidad de consejeros.

Humillaos, pues, bajo la poderosa mano de Dios,
para que él os exalte cuando fuere tiempo.

1 Pedro 5:6

La conciencia es el sistema de alarma que
Dios ha colocado dentro de nosotros.
Congratúlate cuando te cause dolor.
Preocúpate cuando no lo haga.

*Y por esto procuro tener siempre una conciencia sin
ofensa ante Dios y ante los hombres.*

Hechos 24:16

Muchos se olvidan de Dios durante
todo el día y le piden que se acuerde
de ellos por la noche.

*Tarde y mañana y a mediodía oraré y clamaré, y él
oirá mi voz.*

Salmo 55:17

Si no estás en pie
por algo
¡caerás por nada!

Si vosotros no creyereis, de cierto
no permaneceréis.

Isaías 7:9b

La medida del carácter de un hombre no es lo que recibe de sus antepasados, sino lo que deja a sus descendientes.

El bueno dejará herederos a los hijos de sus hijos;
pero la riqueza del pecador está
guardada para el justo.

Proverbios 13:12

Aunque la lengua pesa muy poco, no muchos son capaces de aguantarla.

Así también la lengua es un miembro pequeño, pero se jacta de grandes cosas. He aquí, ¡cuán grande bosque enciende un pequeño fuego!

Santiago 3:5

Nunca debes permitir que la adversidad te haga caer —excepto que sea de rodillas.

¿Está alguno entre vosotros afligido?
Haga oración.

Santiago 5:13a

Quien quiera leche no debe sentarse en una banqueta en medio del potrero y esperar que la vaca vaya y se le plante al lado.

La mano negligente empobrece; mas la mano de los diligentes enriquece.

Proverbios 10:4

El mejor puente entre la esperanza y la desesperación es a menudo una buena noche de sueño.

*Por demás es que os levantéis de madrugada, y que
vayáis tarde a reposar, y que comáis pan de dolores;
pues que a su amado dará Dios el sueño.*

Salmo 127:2

Es bueno recordar que la tetera, aunque a la candela y con el agua al cuello, no deja de cantar.

Estad siempre gozosos.... Dad gracias en todo, porque esta es la voluntad de Dios para con vosotros en Cristo Jesús.

1 Tesalonicenses 5:16,18

Es bueno ser cristiano y saberlo, pero es mejor ser cristiano ¡y demostrarlo!

En esto conocerán todos que sois mis discípulos,
si tuviereis amor
los unos con los otros.

Juan 13:35

El pesar mira hacia atrás. El afán mira alrededor. La fe mira hacia arriba.

Puestos los ojos en Jesús, el autor y consumador de la fe, el cual por el gozo puesto delante de él sufrió la cruz, menospreciando el oprobio, y se sentó a la diestra del trono de Dios.

Hebreos 12:2

Un hombre nunca emprenderá peor viaje que cuando monta en cólera y anda fuera de sí.

*El que fácilmente se enoja
hará locuras.*

Proverbios 14:17a

Éxito en el matrimonio es más que hallar la persona adecuada. Es llegar a ser la persona adecuada.

Mas tú, oh hombre de Dios, huye de estas cosas, y sigue la justicia, la piedad, la fe, el amor, la paciencia, la mansedumbre.

1 Timoteo 6:11

El fracaso en las personas es causado más por falta de determinación que por falta de talento.

No nos cansemos, pues, de hacer bien; porque a su tiempo segaremos, si no desmayamos.

Gálatas 6:9

Un hombre es rico por lo que es, no por lo que tiene.

*Hay quienes pretenden ser ricos, y no tienen nada;
y hay quienes pretenden ser pobres,
y tienen muchas riquezas.*

Proverbios 13:7

La vida sólo puede entenderse por
mirar hacia atrás, pero debe vivirse
por mirar hacia adelante.

*Y Jesús le dijo: Ninguno que poniendo su mano en el
arado mira hacia atrás, es apto para el reino de Dios.*

Lucas 9:62

El éxito es para los que pueden; el fracaso para los que no pueden.

*Todo lo puedo en Cristo
que me fortalece.*

Filipenses 4:13

A veces estamos tan ocupados sumando nuestros problemas que nos olvidamos de contar nuestras bendiciones.

Me acordaré de las obras del Señor; ciertamente me acordaré de tus maravillas antiguas. Meditaré en toda tu obra, y reflexionaré en tus hechos.

Salmo 77:11-12 (B.d.l.A.)

El que caigas no te hace un fracasado, pero quedarte caído sí.

*Porque siete veces cae el justo,
y vuelve a levantarse.*

Proverbios 24:16a

La tarea ya comenzada,
nunca has de dejar a medias.
Sea labor grande o pequeña,
hazla bien o no la hagas.

Yo te he glorificado en la tierra; he acabado la obra
que me diste que hiciese.

Juan 17:4

El tiempo es más valioso que el dinero, porque no puede reponerse.

*Aprovechando bien el tiempo, porque
los días son malos.*

Efesios 5:16

La mejor manera de olvidarte de tus propios problemas es ayudar a alguien a resolver los suyos.

No mirando cada uno por lo suyo propio, sino cada cual también por lo de los otros.

Filipenses 2:4

Dios puede sanar un corazón destrozado, pero para ello necesita todos los pedazos.

Dame, hijo mío, tu corazón.

Proverbios 23:26a

La autoridad hace a algunos crecer —y a otros hincharse.

El que es el mayor de vosotros, sea vuestro siervo. Porque el que se enaltece será humillado, y el que se humilla será enaltecido.

Mateo 23:11-12

Preocúpate más por lo que Dios piensa de ti que por lo que piensan otros.

Respondiendo Pedro y los apóstoles, dijeron: Es necesario obedecer a Dios antes que a los hombres.

Hechos 5:29

El problema del tipo que habla muy rápido es que a menudo dice algo que todavía no ha pensado.

No te des prisa con tu boca, ni tu corazón se apresure a proferir palabra delante de Dios; porque Dios está en el cielo, y tú sobre la tierra; por tanto, sean pocas tus palabras.

Eclesiastés 5:2

La mejor manera de tener la última palabra es pedir disculpas.

[Si] te has enlazado con las palabras de tu boca, y has quedado preso con los dichos de tus labios. Haz esto ahora, hijo mío, y líbrate, ya que has caído en la mano de tu prójimo: ve, humíllate, y asegúrate de tu amigo.

Proverbios 6:2-3

El tren del fracaso suele correr sobre los rieles de la pereza.

Por la pereza cae la techumbre, y por la flojedad de las manos se llueve la casa.

Eclesiastés 10:18

Cuando te enfrentas con un problema del tamaño de Goliat, ¿de qué manera respondes: «Es demasiado grande para darle» o, como David: «Es demasiado grande para fallar el tiro»?

Jehová, que me ha librado de las garras del león y de las garras del oso, él también me librará de la mano de este filisteo.

1 Samuel 17:37

¡Olvídate de ti mismo por otros y otros no se olvidarán de ti!

Así que, todas las cosas que queráis que los hombres hagan con vosotros, así también haced vosotros con ellos; porque esto es la ley y los profetas.

Mateo 7:12

El secreto del éxito es comenzar por escarbar y mantenerse escarbando.

Mas la que cayó en buena tierra, éstos son los que con corazón bueno y recto retienen la palabra oída, y dan fruto con perseverancia.

Lucas 8:15

El secreto del contentamiento es darse cuenta de que la vida es un regalo, no un derecho.

Pero gran ganancia es la piedad acompañada de contentamiento; porque nada hemos traído a este mundo, y sin duda nada podremos sacar.

1 Timoteo 6:6-7

Jamás alguien ha dicho en su lecho de muerte: Quisiera haber dedicado más tiempo al trabajo.

Asimismo aborrecí todo mi trabajo que había hecho debajo del sol, el cual tendré que dejar a otro que vendrá después de mí. Eclesiastés 2:18

Y todo lo que hagáis, hacedlo de corazón, como para el Señor y no para los hombres. Colosenses 3:23

La fe genuina y el valor verdadero son como los cometas con los que juegan los niños: el viento contrario los lleva más alto.

Pero los que esperan a Jehová tendrán nuevas fuerzas; levantarán alas como las águilas; correrán, y no se cansarán; caminarán, y no se fatigarán.

Isaías 40:31

A fin de recibir la dirección de Dios debes ser capaz de recibir la corrección de Dios.

*Hijo mío, no menosprecies la disciplina del Señor,
ni desmayes cuando eres reprendido por él; porque
el Señor al que ama, disciplina, y azota a
todo el que recibe por hijo.*

Hebreos 12:5b-6

Los que traen luz de sol a las vidas
de otros no pueden impedir
recibirla ellos mismos.

No os engañéis; Dios no puede ser burlado;
pues todo lo que el hombre sembrare, eso
también segará.

Gálatas 6:7

Nadie jamás sabe realmente lo que cree hasta que comienza a instruir a sus hijos.

Y vosotros, padres, no provoquéis a ira a vuestros hijos, sino criadlos en disciplina y amonestación del Señor.

Efesios 6:4

No confundas la actividad con el logro. Ocupación no es lo mismo que productividad.

Pero Marta se preocupaba con muchos quehaceres, y acercándose, dijo: Señor, ¿no te da cuidado que mi hermana me deje servir sola? Dile, pues, que me ayude. Respondiendo, Jesús le dijo: Marta, Marta, afanada y turbada estás con muchas cosas. Pero sólo una cosa es necesaria; y María ha escogido la buena parte, la cual no le será quitada.

Lucas 10:40-42

Son las cosas pequeñas de la vida las que determinan las grandes cosas.

*Sobre poco has sido fiel, sobre mucho te pondré;
entra en el gozo de tu señor.*

Mateo 25:21b

Las puertas de la oportunidad tienen estas inscripciones: «Empuja» y «Hala».

El alma del perezoso desea, y nada alcanza; mas el alma de los diligentes será prosperada.

Proverbios 13:4

No puedes ganar
si no comienzas.

Ahora, pues, llevad también a cabo el hacerlo, para que como estuvisteis prontos a querer, así también lo estéis en cumplir conforme a lo que tengáis.

2 Corintios 8:11

El mejor camino al éxito es seguir el consejo que das a otros.

El que tiene en poco la disciplina se desprecia a sí mismo, mas el que escucha las reprensiones adquiere entendimiento.

Proverbios 15:32 (B.d.l.A.)

Contentamiento no es obtener lo que deseamos sino estar satisfechos con lo que tenemos.

No lo digo porque tenga escasez, pues he aprendido a contentarme, cualquiera que sea mi situación.

Filipenses 4:11

Muchos dejan de buscar trabajo cuando encuentran un empleo.

También el que es negligente en su trabajo es hermano del hombre disipador.

Proverbios 18:9

Tú no puedes llevarte tu dinero contigo, pero puedes enviarlo delante de ti.

No os hagáis tesoros en la tierra, donde la polilla y el orín corrompen, y donde ladrones minan y hurtan; sino haceos tesoros en el cielo, donde ni la polilla ni el orín corrompen, y donde ladrones no minan ni hurtan.

Mateo 6:19-20

La habilidad hará que un hombre llegue a la cúspide, pero se requiere carácter para mantenerse allí.

La justicia del perfecto enderezará su camino; mas el impío por su impiedad caerá.

Proverbios 11:5

Tus palabras son ventanas de tu corazón.

*Porque de la abundancia del corazón
habla la boca.*

Mateo 12:34b

En boca cerrada
no entran moscas.

El que guarda su boca guarda su alma;
mas el que mucho abre sus labios
tendrá calamidad.

Proverbios 13:3

El único tonto mayor que el
que cree que lo sabe todo es aquel
que discute con él.

El que corrige al escarnecedor, se acarrea afrenta; el
que reprende al impío, se atrae mancha.

Proverbios 9:7

El que se está ahogando no se queja
del tamaño del salvavidas.

*Haced todo sin murmuraciones
y contiendas.*

Filipenses 2:14

Bienaventurado es aquel que, no teniendo nada que decir, se refrena de dar evidencia oral del hecho.

*La lengua de los sabios adornará la sabiduría;
mas la boca de los necios hablará sandeces.*

Proverbios 15:2

Suerte: la excusa de un perdedor para la posición de un ganador.

El alma del perezoso desea, y nada alcanza; mas el alma de los diligentes será prosperada.

Proverbios 13:4

Haz lo que temes y morirá el temor.

Esforzaos y cobrad ánimo; no temáis, ni tengáis miedo de ellos, porque Jehová tu Dios es el que va contigo; no te dejará, ni te desamparará.

Deuteronomio 31:6

¡Dios más uno siempre es una mayoría!

*Si Dios es por nosotros,
¿quién contra nosotros?*

Romanos 31b

El que chismea contigo chismeará de ti.

*El que anda en chismes descubre el secreto;
mas el de espíritu fiel lo guarda todo.*

Proverbios 11:13

Jesús es un amigo que conoce todas tus faltas y te ama de todos modos.

Mas Dios muestra su amor para con nosotros, en que siendo aún pecadores, Cristo murió por nosotros.

Romanos 5:8

Toda persona debería tener un cementerio especial en el cual sepultar las faltas de amigos y de familiares.

Antes sed benignos unos con otros, misericordiosos, perdonándoos unos a otros, como Dios también os perdonó a vosotros en Cristo.

Efesios 4:32

La ignorancia siempre es pronta para hablar.

Todo hombre sea pronto para oír, tardo para hablar, tardo para airarse.

Santiago 1:19b

Debes aprender de los errores de otros más bien que cometerlos tú mismo.

El camino del necio es derecho en su opinión; mas el que obedece el consejo es sabio.

Proverbios 12:15

Selecciona tus amigos
pero no
como blanco de tus armas.

*Martillo y cuchillo y saeta aguda es el hombre que
habla contra su prójimo falso testimonio.*

Proverbios 25:18

El que arroja fango
pierde terreno.

Por lo cual, desechando la mentira, hablad verdad
cada uno con su prójimo; porque somos miembros los
unos de los otros.

Efesios 4:25

No tienes que yacer despierto de noche para alcanzar el éxito —sólo mantenerte despierto de día.

Me es necesario hacer las obras del que me envió, entretanto que el día dura; la noche viene, cuando nadie puede trabajar.

Juan 9:4

El primer paso hacia la sabiduría es el silencio; el segundo es escuchar.

Oirá el sabio, y aumentará el saber, y el entendido adquirirá consejo.

Proverbios 1:5

La mayor posesión que tienes son las veinticuatro horas que están justamente delante de ti.

Porque hay un tiempo para cada cosa y para cada obra.

Eclesiastés 3:17b (B.d.l.A.)

El mejor regalo que puedes dar a otro es un buen ejemplo.

Porque ejemplo os he dado, para que como yo os he hecho, vosotros también hagáis.

Juan 13:15

No temas a las presiones. Recuerda que la presión es lo que convierte un trozo de carbón en un diamante.

Mas tenga la paciencia su obra completa, para que seáis perfectos y cabales, sin que os falte cosa alguna.

Santiago 1:3-4

Un minuto de reflexión vale más que una hora de conversación.

*Pon guarda a mi boca; guarda la puerta
de mis labios.*

Salmo 141:3

Tú puedes ganar más amigos con tus oídos que con tu boca.

Todo hombre sea pronto para oír, tardo para hablar, tardo para airarse.

Santiago 1:19b

No es el punto de vista sino la vista puesta en lo alto lo que cuenta.

Puestos los ojos en Jesús, el autor y consumador de la fe.

Hebreos 12:2a

Pon a otros delante de ti mismo, y podrás llegar a ser un líder entre los hombres.

Mas entre vosotros no será así, sino que el que quiera hacerse grande entre vosotros será vuestro servidor, y el que quiera ser el primero entre vosotros será vuestro siervo.

Mateo 20:26-27

Alimenta tu fe y tus dudas morirán de hambre.

Pero nosotros no somos de los que retroceden para perdición, sino de los que tienen fe para preservación del alma.

Hebreos 10:39

Nunca desaproveches una oportunidad de mantener tu boca cerrada.

Aun el necio, cuando calla, es contado por sabio.

Proverbios 17:28

No es difícil hacer una montaña de un hormiguero. Sólo añádele un poco de tierra.

El que comienza la discordia es como quien suelta las aguas; deja, pues, la contienda antes que se enrede.

Proverbios 17:14

Lo que importa no es el número de horas que pones, sino cuánto pones en las horas.

Todo lo que te viniere a la mano para hacer,
hazlo según tus fuerzas.

Eclesiastés 9:10a

La reputación se hace en un momento: el carácter se edifica durante toda una vida.

Mi justicia tengo asida, y no la cederé; no me reprochará mi corazón en todos mis días.

Job 27:6

Si te sientes «cansado como un
perro» por la noche,
puede que se deba a que
«gruñiste» todo el día.

*Si es posible, en cuanto dependa de vosotros, estad en
paz con todos los hombres.*

Romanos 12:18

Si no deseas los frutos del
pecado, manténte alejado
del huerto del diablo.

Absteneos de toda especie de mal.

1 Tesalonicenses 5:22

Nuestros niños son como espejos —ellos reflejan nuestras actitudes en la vida.

Camina en su integridad el justo; sus hijos son dichosos después de él.

Proverbios 20:7

El arte de ser buen huésped es saber cuándo marcharse.

Detén tu pie de casa de tu vecino, no sea que hastiado de ti te aborrezca.

Proverbios 25:17

El que no puede perdonar destruye el puente sobre el cual él mismo tiene que pasar.

Porque si perdonáis a los hombres sus ofensas, os perdonará también a vosotros vuestro Padre celestial.

Mateo 6:14

Jesús es un amigo que entra cuando el mundo ha salido.

Estas cosas os he hablado para que en mí tengáis paz. En el mundo tendréis aflicción; pero confiad, yo he vencido al mundo.

Juan 16:33

Los que menos merecen amor son los que más lo necesitan.

Pero yo os digo: Amad a vuestros enemigos, bendecid a los que os maldicen, haced bien a los que os aborre- cen, y orad por los que os ultrajan y os persiguen.

Mateo 5:44

Fe es desafiar al alma a ir más allá de lo que los ojos pueden ver.

Porque por fe andamos,
no por vista.

2 Corintios 5:7

El lado apropiado para abordar un problema difícil es el atribu-lado.

Porque nada hay imposible
para Dios.

Lucas 1:37

El tipo que hace cosas que cuentan no suele detenerse a contarlas.

*Hermanos, yo mismo no pretendo haberlo ya
alcanzado; pero una cosa hago: olvidando
ciertamente lo que queda atrás, y extendiéndome
hacia lo que está delante...*

Filipenses 3:13

Un espíritu criticón es como la hiedra venenosa —basta un leve contacto para que esparza su veneno.

Mas evita profanas y vanas palabrerías, porque conducirán más y más a la impiedad. Y su palabra carcomerá como gangrena.

2 Timoteo 2:16-17a

La pereza y la pobreza son primas.

Un poco de sueño, cabeceando otro poco, poniendo mano sobre mano otro poco para dormir; así vendrá como caminante tu necesidad, y tu pobreza como hombre armado.

Proverbios 24:33-34

El lenguaje es la expresión del pensamiento. Cada vez que hablas, tu mente está en un desfile.

El hombre bueno, del buen tesoro de su corazón saca lo bueno; y el hombre malo, del mal tesoro de su corazón saca lo malo; porque de la abundancia del corazón habla la boca.

Lucas 6:45

Cuida tu carácter y tu reputación se cuidará a sí misma.

Porque el ejercicio corporal para poco es provechoso, pero la piedad para todo aprovecha, pues tiene promesa de esta vida presente, y de la venidera.
1 Timoteo 4:8

El bueno dejará herederos a los hijos de sus hijos; pero la riqueza del pecador está guardada para el justo.
Proverbios 13:22

El secreto más difícil de guardar para un hombre es su opinión de sí mismo.

Digo, pues, por la gracia que me es dada, a cada cual que está entre vosotros, que no tenga más alto concepto de sí que el que debe tener, sino que piense de sí con cordura, conforme a la medida de fe que Dios repartió a cada uno.

Romanos 12:3

El que entierra su talento está cometiendo un error mortal.

No descuides el don que está en ti.

1 Timoteo 4:14a

Si un asunto es demasiado pequeño para hacer de él una oración, es demasiado pequeño para convertirlo en una carga.

Echando toda vuestra ansiedad sobre él, porque él tiene cuidado de vosotros.

1 Pedro 5:7

Aun el pájaro carpintero debe su éxito a que usa su cabeza.

Pero tú sé sobrio en todo.

2 Timoteo 4:5

El más pobre de los hombres no es el que no tiene un centavo, sino el que no tiene un sueño.

Donde no hay visión, el pueblo se desenfrena.

Proverbios 29:18a (B.d.l.A.)

Tú puedes realizar más en una hora con Dios que en toda una vida sin Él.

Para Dios todo es posible.

Mateo 19:26b

La única preparación para mañana es el uso correcto de hoy.

Así que, no os afanéis por el día de mañana, porque el día de mañana traerá su afán. Basta a cada día su propio mal.

Mateo 6:34

Cuando las cosas van mal, no vayas mal con ellas.

No entres por la vereda de los impíos, ni vayas por el camino de los malos.

Proverbios 4:14

Dos cosas son malas para el corazón: subir escaleras y rebajar a las personas.

Ninguna palabra corrompida salga de vuestra boca, sino la que sea buena para la necesaria edificación, a fin de dar gracia a los oyentes.

Efesios 4:29

La mejor manera de desquitarse es olvidar.

Amad, pues, a vuestros enemigos, y haced bien, y prestad, no esperando de ello nada; y será vuestro galardón grande, y seréis hijos del Altísimo; porque él es benigno para con los ingratos y malos.

Lucas 6:35

A las personas no les importa cuánto sabes hasta que saben cuánto te importan.

Nada hagáis por contienda o por vanagloria; antes bien con humildad, estimando cada uno a los demás como superiores a él mismo.

Filipenses 2:3

El buen humor es a la vida como los amortiguadores a los automóviles.

El corazón alegre constituye un buen remedio; mas el espíritu triste seca los huesos.

Proverbios 17:22

Un hombre envuelto en sí mismo constituye un paquete muy pequeño.

El necio no se deleita en la prudencia, sino sólo en revelar su corazón [expresar sus opiniones].

Proverbios 18:2 (B.d.l.A.)

No es tu posición lo que te hace feliz o infeliz, sino tu disposición.

Pero gran ganancia es la piedad acompañada de contentamiento; porque nada hemos traído a este mundo, y sin duda nada podremos sacar.

1 Timoteo 6:6-7

Se requiere para arar un campo más que meramente darle vuelta en tu cabeza.

Que procuréis ... trabajar con vuestras manos de la manera que os hemos mandado, a fin de que os conduzcáis honradamente para con los de afuera, y no tengáis necesidad de nada.

1 Tesalonicenses 4:11-12

Los hombres son como los peces: no se meterían en problemas si mantuvieran la boca cerrada.

El que guarda su boca y su lengua, su alma guarda de angustias.

Proverbios 21:23

El corazón de un hombre no puede determinarse por el tamaño de su billetera

Porque ¿qué aprovechará al hombre si ganare todo el mundo, y perdiere su alma? ¿O qué recompensa dará el hombre por su alma?

Marcos 8:36-37

La bondad es el aceite que elimina la fricción de la vida.

Mas el fruto del Espíritu es ... bondad.

Gálatas 5:22

Puedes fácilmente determinar el
calibre de una persona por la
cantidad de oposición que se
requiere para desalentarlo.

*Si eres débil en día de angustia,
tu fuerza es limitada.*

Proverbios 24:10 (B.d.l.A.)

La gente sabe lo que eres por lo que ven, no por lo que oyen.

Así alumbre vuestra luz delante de los hombres, para que vean vuestras buenas obras, y glorifiquen a vuestro Padre que está en los cielos.

Mateo 5:16

Los que tratan de degradarte sólo están tratando de reducirte al tamaño de ellos.

Bienaventurados seréis cuando los hombres os aborrezcan, y cuando os aparten de sí, y os vituperen, y desechen vuestro nombre como malo, por causa del Hijo del Hombre. Gozaos en aquel día, y alegraos, porque he aquí vuestro galardón es grande en los cielos...

Lucas 6:22-23a

Muchas veces cuando un hombre piensa que su mente se está ensanchando, es sólo que su conciencia se está estirando.

Todas las cosas son puras para los puros, mas para los corrompidos e incrédulos nada les es puro; pues hasta su mente y su conciencia están corrompidas.

Tito 1:15

El mal genio es lo que más nos mete en problema. El orgullo lo que nos mantiene allí.

Antes del quebrantamiento es la soberbia, y antes de la caída la altivez de espíritu. Mejor es humillar el espíritu con los humildes que repartir despojos con los soberbios.

Proverbios 16:18-19

Nos damos una vida con lo que hacemos; hacemos una vida con lo que damos.

En todo os he enseñado que, trabajando así, se debe ayudar a los necesitados, y recordar las palabras del Señor Jesús, que dijo: Más bienaventurado es dar que recibir.

Hechos 20:35

Nuestros días son maletas idénticas —todas del mismo tamaño— pero algunos pueden poner más dentro de ellas que otros.

Mirad, pues, con diligencia cómo andéis, no como necios sino como sabios, aprovechando bien el tiempo.

Efesios 5:15-16

La vida sería más fácil si los hombres tuvieran tanta paciencia en el hogar como cuando están pescando.

Vosotros, maridos, igualmente, vivid con ellas sabiamente...

1 Pedro 3:7

Algunos tienen éxito porque están destinados a ello, pero otros tienen éxito porque están determinados a ello.

Y habiendo acabado todo, estar firmes. Estad, pues, firmes...

Efesios 6:13-14a

Un hombre es rico por lo que es, no por lo que tiene.

Hay quienes pretenden ser ricos, y no tienen nada; y hay quienes pretenden ser pobres, y tienen muchas riquezas.

Proverbios 13:7

La diferencia entre ordinario y extraordinario es ese poquito extra.

Todo lo que te viniere a la mano para hacer, hazlo según tus fuerzas; porque en el Seol, adonde vas, no hay obra, ni trabajo, ni ciencia, ni sabiduría.

Eclesiastés 9:10

Tragarse palabras de ira es mucho mejor que tener que comérselas.

El necio da rienda suelta a toda su ira, mas el sabio al fin la sosiega.

Proverbios 29:11

Perdonar es poner a un prisionero en libertad y descubrir que el prisionero eras tú.

*Porque si perdonáis a los hombres sus ofensas, os perdonará
también a vosotros vuestro Padre celestial; mas si no perdonáis
a los hombres sus ofensas, tampoco vuestro Padre
os perdonará vuestras ofensas.*

Mateo 6:14-15

Dime con quién andas y te diré con qué problema te vas a tropezar.

No te entremetas con el iracundo, ni te acompañes con el hombre de enojos, no sea que aprendas sus maneras, y tomes lazo para tu alma.

Proverbios 22:24-25

Muchos padres no están en zurrantes términos con sus hijos.

El que detiene el castigo, a su hijo aborrece; mas el que lo ama, desde temprano lo corrige.

Proverbios 13:24

El hombre no puede descubrir nuevos océanos a menos que tenga el valor de perder de vista la costa.

Entonces le respondió Pedro, y dijo: Señor, si eres tú, manda que yo vaya a ti sobre las aguas. Y él dijo: Ven. Y descendiendo Pedro de la barca, andaba sobre las aguas para ir a Jesús.

Mateo 14:28-29

Cuando más contento está el corazón es cuando late por otros.

Nadie tiene mayor amor que este, que uno ponga su vida por sus amigos.

Juan 15:13

Una cosa que puedes aprender por observar el reloj es que éste pasa el tiempo con las manos ocupadas.

También el que es negligente en su trabajo es hermano del hombre disipador.

Proverbios 18:9

Ahora hay un número telefónico
para obtener oración aun para los
ateos. Marcas un número
y nadie responde.

Dice el necio en su corazón: No hay Dios.

Salmo 14:1a

El que piensa por pulgadas y habla por yardas merece ser pateado por pies.

Los labios del necio provocan contienda,
y su boca llama a los golpes.

Proverbios 18:6 (B.d.l.A.)

La mejor herencia que un padre puede dejar a sus hijos es un buen ejemplo.

Así como también sabéis de qué modo, como el padre a sus hijos, exhortábamos y consolábamos a cada uno de vosotros.

1 Tesalonicenses 2:11

Dios interviene en los asuntos de los hombres sólo por invitación.

He aquí, yo estoy a la puerta y llamo; si alguno oye mi voz y abre la puerta, entraré a él, y cenaré con él, y él conmigo.

Apocalipsis 3:20